Die Reiskocher Bibel

Die leckersten Reiskocher Rezepte in einem Kochbuch

Lutz Fingerhut

Vorwort

Mit einem Reiskocher in der Küche kann einiges an Zeit und Arbeit eingespart werden. Die Voraussetzung dafür ist aber der richtige Einsatz. Natürlich braucht es auch die passenden Rezepte, damit es wirklich klappt. Sind die Grundlagen erst einmal klar, wird das Kochen mit dem Reiskocher zum Kin-derspiel. Super leckeren Gerichten, die der ganzen Familie und den Freunden schmecken, steht damit nichts mehr im Weg. Das Lob für, vielleicht mal außergewöhnliche, Gerichte lässt sich auf diese Weise leicht einheimsen. Also worauf noch war-ten? Dieses Buch geschnappt und los gekocht. Auf den Reis, lecker, los!

Guten Appetit!

🍴 INHALT

Vegetarisch & Vegan

Süßspeisen 81

Wie der Reiskocher richtig eingesetzt wird

FUNKTIONSWEISE EINES REISKOCHERS

R eis perfekt kochen ist gar nicht so schwer. Viele haben beim Reis kochen bedenken, dass er zu weich oder noch zu fest ist. Erfahrungswerte sind zwar hier gut, aber mit einem Reiskocher wird jeder Reis immer perfekt, egal ob Reiskochanfänger oder -profi. Reiskocher haben zwar ein einfaches, aber dafür umso fehlerfreies System. Reis kommt mit der passenden Menge kaltes Wasser in den Innentopf vom Reiskocher. Dann wird das Gerät eingeschaltet. Die Wassertemperatur steigt automatisch an. Sie erreicht 100 Grad. Die automatische Abschaltung erfolgt, wenn der Reis gequollen und das verbleibende Wasser verdampft ist. Das führt zum Anstieg der Temperatur auf über 100 Grad. Je nach Einstellung wird jetzt automatisch abgeschaltet oder der Warmhalte-Modus eingeschaltet.

Auf diese Weise kann der Reis nicht anbrennen. Und dabei braucht es keine Überwachung. Der Garprozess läuft von ganz allein. Die Zeit lässt sich gut nutzen, um weitere Zutaten zuzubereiten oder um ganz andere Dinge zu tun. Gut sind Reiskocher mit Warmhaltefunktion, wodurch der Reis weder auskühlt noch pappig wird. Und das sogar, wenn es noch etwas dauert bis zum Servieren.

Der Reiskocher hat noch einen weiteren Vorteil. Durch den beschleunigten Garprozess und den geringen Energieverbrauch des Geräts lässt sich einiges an Energie einsparen beim Reis kochen. Die meisten Reiskocher haben im Innen-topf eine Antihaftbeschichtung, was die Reini-gung sehr vereinfacht.

Es gibt nicht nur sehr viele unterschiedliche Reiskocher, sondern diese haben auch noch ebenso viele Varianten. Hierdurch kann es pas-sieren, dass ein Rezept aus diesem Buch an sei-nen eigenen Reiskocher anzupassen ist und nicht 1 zu 1 umgesetzt werden kann. Auch sind einige Rezepte für den Dampfgarer-Aufsatz, den aber nicht alle Reiskocher haben.

DARAUF MUSS BEIM KOCHEN MIT DEM REISKOCHER GEACHTET WERDEN

Den Reis säubern

Der Reis sollte vor dem Kochen gewaschen werden. Auf dem Reis können Pestizide und Verschmutzungen auftreten, welche genauso wie die Stärke vom Reis abgewaschen werden sollten. Klumpiger und klebriger Reis lässt sich auf diese Weise vermeiden. Den Reis in ein Sieb geben und das Sieb über eine Schüssel halten. Wasser so lange darüber fließen lassen, bis es ganz klar ist. Das Wasser sollte in der Schüssel gesammelt werden. So lässt sich am einfachsten prüfen, wie sauber es schon ist. Der Reis ist erst wirklich sauber, wenn das Wasser ganz klar ist.

Das Wasser richtig abmessen

Die Reissorte ist entscheidend für die Wassermenge, genauso wie die benötigte Feuchtigkeit oder Trockenheit. Mit dem Tassenprinzip wird die Menge als Beilage pro Person berechnet. Praktisch ist, wenn der Reiskocher über einen Messbecher verfügt, der dem Fassungsvermögen einer Tasse entsprechen würde. Praktisch ist auch die Markierung, die manche Reiskocher haben. Daran lässt sich genau ablesen, wie viel Wasser für wie viel Reis benötigt wird. Mit einer kleinen Faustregel lässt sich die Kalkulation deutlich vereinfachen:

- Für eine Tasse weißen Langkornreis werden 1 ¾ Tassen Wasser pro Reistasse benötigt.
- Für eine Tasse weißen Reise, mittelgroß gekörnt, werden 1 ½ Tassen Wasser pro Reistasse benötigt.
- Für eine Tasse Reis, klein gekörnt, werden 1 ½ Tassen Wasser pro Reistasse benötigt.
- Für 1 Tasse braunen Langkornreis werden 2 ¼ Tassen Wasser pro Reistasse benötigt.

- Für eine Tasse halb gekochten Parboiled Reis werden zwei Tassen Wasser pro Reistasse benötigt.

Kommen Basmati oder Jasminreis zum Einsatz, wird weniger Wasser benötigt. Diese Reissorten sollen nicht feucht sein. Wer seinem Reis einen individuellen Geschmack geben möchte, kann ihn intensivieren, wenn ein Lorbeerblatt im Reiskocher mitgekocht wird.

Kochen mit Dämpfeinsatz

Ein Dämpfeinsatz ist von vielen Reiskochern Bestandteil. Mit ihm lassen sich zudem hervorragend Gemüse und Fisch auf schonende Weise garen. Praktisch ist die Zeitersparnis, wenn Fisch, Reis und Gemüse zusammen garen. Kurz bevor der Reis fertig gegart ist, wird dafür der Einsatz in den Reiskocher gegeben. Das Gemüse behält seine Farbe, ist noch bissfest und hat zudem alle Vitamine und Nährstoffe. Um zu Dämpfen braucht es ungefähr zwei Messbecher Wasser, die in das Topfinnere gegeben werden.

Individuelle Reiszubereitung

Kann der Topf aus dem Reiskocher herausgenommen werden, ist das zum Befüllen mit Reis und Wasser leicht zu bewerkstelligen. Statt des Wassers kann auch Brühe oder eine Mischung aus Wasser und Kokosmilch verwendet werden. Um den Reis individuell zu aromatisieren, kann direkt Zwiebel, Ingwer, Chilischote, Gewürz oder Lemongras zugegeben werden.

Deckel schließen, einschalten. Ein Signalton gibt an, dass der Reis fertig ist. Manche Modelle haben eine Warmhaltefunktion. Sie bleibt bis zum Ausstecken des Gerätes an. Während der Kochzeit darf der Deckel nicht geöffnet werden. Die Dampfentwicklung im Topf ist entscheidend für den Kochprozess. Würde der Deckel geöffnet und Dampf entweichen, würde das zu nicht fertig gekochtem Reis führen.

Das Abschalten geht immer automatisch und von allein. Das passiert, wenn der Siedepunkt von Hundert Grad überschritten wird. Das ist der Fall, wenn das Wasser komplett verdampf ist.

Reis muss quellen

Der Reis sollte fünf bis zehn Minuten vor dem Öffnen des Deckels quellen. Es ist nicht unbedingt erforderlich, in den Reiskocheranleitungen wird jedoch darauf hingewiesen und viele Modelle machen es ohnehin von allein. Während des Quellvorgangs kann der Reiskocher ausgeschaltet werden. Wird dem Topf die Wärmequelle entzogen, erfolgt kein Absetzen vom Reis am Boden.

Reis - Die Grundzutat

REIS, WEIß

Zutaten:

ca. 360 ml Wasser, 1 Messbecher weißer Reis, Prise Salz

Zubereitung:

1. Reis waschen und in den Reiskocher geben. Wasser und Salz zugeben, Deckel schließen.

2. Circa 15 Minuten garen, anschließend 5 Minuten im Gartopf quellen lassen.

MOCHI REIS

Zutaten:

230 g Mochi Reis, ca. 650 ml Wasser, Salz, evtl. Butter

Zubereitung:

1. Reis mit Wasser in den Reiskocher geben. Nach Geschmack salzen.

2. Deckel schließen, Reis kochen. Dem gekochten Reis nach Geschmack ein Stück Butter zufügen.

SADRI DUDI REIS

Zutaten:

250 g Sadri Dudi Reis, ca. 400 ml Wasser, Salz, evtl. Butter

Zubereitung:

1. Reis waschen, mit Wasser in den Reiskocher geben. Nach Geschmack salzen.

2. Deckel schließen, Reis kochen. Nach Geschmack ein Stück Butter zufügen.

SUSHI-REIS

Zutaten:

ca. 360 ml Wasser, 1 Messbecher Sushi-Reis, weiß, ½ - 1 EL Zucker, 1 EL Sushi-Essig, Prise Salz

Zubereitung:

1. Reis waschen und in den Reiskocher geben.

2. Restliche Zutaten zugeben und Taste „White Reis" wählen. Nach ca. 20 und 25 Minuten ist der Reis gegart.

3. Für weitere 5 Minuten im Gartopf ziehen lassen.

LANGKORNREIS, BRAUN

Zutaten:

3 Messbecher Wasser, 1 Messbecher Langkornreis braun, Prise Salz

Zubereitung:

1. Reis waschen und in den Reiskocher geben.
Wasser und Salz zugeben, Deckel schließen.

2. Taste „Brown Reis" wählen. Ist der Reis gekocht, noch 10 Minuten im Reiskocher ziehen
lassen.

BASMATIREIS

Zutaten:

50 g Basmatireis, 90 ml Wasser, 1 TL Öl vorzugs-
weise Sonnenblumenöl, Prise Salz, nach Bedarf
Safran

Zubereitung:

1. Reis waschen und mit dem Öl in den Reiskocher geben. Soll der Reis goldgelb werden, Safran
in heißem Wasser ziehen lassen.

2. Über dem Reis das Safranwasser absieben,
restliches Wasser zugeben, Deckel schließen,
einschalten. Kürbiskerne oder Pinienkerne ver-
leihen dem Reis das gewisse Etwas.

KOKOSNUSSREIS

Zutaten: 2 Becher Jasminreis, 2 Becher Wasser, 1 ½ Becher Kokosmilch, ½ - 1 TL Zucker (je nach gewünschter Süße), ½ - 1 TL Salz

Zubereitung:

1. Wasser mit Kokosmilch mischen; Reis waschen, zusammen mit Wasser-Kokosmilch-Mischung, Salz und Zucker in den Reiskocher geben und gründlich verrühren.

2. Taste „White Rice" wählen. Nach dem Kochen 10 Minuten ziehen lassen.

3. Den Reiskocher öffnen, mit einem Holz- oder Kunststofflöffel gut verrühren.

CURRY-REIS

Zutaten:

50 g Reis, 90 ml Wasser, 1 EL Curry, Prise Salz

Zubereitung:

1. Gewaschenen Reis mit Wasser und Salz in den Reiskocher geben. Taste „Cook" wählen.

2. Currypulver zum warmen Reis geben, gut verrühren.

Frühstück

GEPUFFTER AMARANTH UND REIS

Zutaten:

50 g Amarant, 6 EL Reis, geschälter, parboiled, 1 Apfel, 1 Banane, Rosinen (nach Wunsch), 200 ml Mandelmilch, Zucker oder Honig (nach Wunsch)

Zubereitung:

1. Amarant, Hafer, Mandelmilch und Wasser im Reiskocher gut verrühren. Deckel schließen, 15 Minuten kochen, anschließend gut durchrühren.

2. In eine Schale umfüllen, mit Mandeln, Apfel und Ahornsirup garnieren und servieren.

DATTEL ZIMT MILCHREIS

Zutaten:

50 g Reisflocken, 350 ml pflanzliche Milch/Wasser, 1 TL Flohsamenschalen, 1 Dattel, ½ TL Zimt, Prise Salz

30 g Himbeeren, 1 TL Chia-Samen, 4 TL Wasser, etwas Reissirup, Banane, etwas Schokolade

Zubereitung:

1. Reis, Flohsamenschalen, Milch oder Wasser, klein geschnittene Dattel, Zimt und Salz im Reiskocher aufkochen. Bei mittlerer Hitze einige Minuten andicken.

2. Himbeeren waschen, mit einer Gabel zerdrücken, Chiasamen, Wasser und Reissirup untermischen. Zur Seite stellen.

3. Milchreis in eine Schüssel füllen, mit Marmelade oder nach Wunsch mit Banane und/oder Schokolade garnieren.

SCHNELLES PORRIDGE MIT MANDELN UND QUINOA

Zutaten:

85 g Quinoa, 250 ml Wasser, 35 g Mandeln (gehackt),1 Apfel, (Scheiben), 250 ml Mandelmilch, 50 g Haferflocken, 1 EL Ahornsirup

Zubereitung:

1. Quinoa, Hafer, Mandelmilch und Wasser in den Reiskocher geben, gut verrühren. 15 Minuten mit Deckel kochen, anschließend gut verrühren.

2. In eine Schale umfüllen, Mandeln, Apfel und Ahornsirup darauf geben. Warm servieren.

HAFERFLOCKENQUINOA, EINFACH

Zutaten:

100 g feine Haferflocken, 120 ml Mandelmilch, ½ TL Zimt 800 ml Wasser, 120 g Bulgur, kochfertig, 100 g grobe Haferflocken

Zubereitung:

1. Haferflocken, Bulgur, Salz und Wasser in den Reiskocher geben, gut vermischen. Kochen bis das Wasser komplett aufgesogen ist.

2. Mandelmilch und Zimt zufügen. Wer möchte, mit Joghurt garnieren.

BLAUBEEREN-QUINOA

Zutaten:

170 g Quinoa, 100 g Blaubeeren, Prise Zimt, 1 TL Muskatnuss, 2 EL Zucker, 1 TL Vanilleextrakt, 500 ml ungesüßte Mandelmilch

Zubereitung:

1. Blaubeeren mit einer Gabel zerdrücken. Alle Zutaten in den Reiskocher geben und gut durchmischen.

2. „Weißer Reis"/Standard-Einstellung wählen. Nach dem Kochen gut vermischen und servieren.

FRÜHSTÜCKSREIS

Zutaten:

100 g Reis, 400 ml Milch, 2 EL Vanille, 2 EL brauner Zucker, ½ EL Leinsamen, 50 g getrocknete Cranberrys

Zubereitung:

Zutaten in den Reiskocher geben und vermengen. Einstellung „kochen" wählen und ca. 20 Minuten kochen.

HAFERFLOCKEN FRÜHSTÜCK

Zutaten:

125 g grobe Haferflocken, 2 EL Weizenkleie oder Proteinpulver, Prise Salz, 30 g Rosinen (Wahlweise andere Trockenfrüchte), 250 ml Wasser (wahlweise 50 ml Milch)

Zubereitung:

Alle Zutaten in den Reiskocher geben. Einstellung „Brei" wählen und kochen.

Fleisch & Geflügel

REIS MIT HUHN, SPANISCHE ART

Zutaten:

2 Tassen Basmati Reis, 1 ¼ Tassen Wasser, kleine Portion gehackte Tomaten, rote Zwiebeln (kleingeschnitten), Paprika (kleingeschnitten), 5 Tassen Hühnerbrühe, 250ml Tomaten Soße, 1 EL Olivenöl, 500 g kleingeschnittene Hühnerbrust, 1 TL Oregano, ½ TL Paprika-Pulver, 5 TL Chili-Pulver, Salz & Pfeffer, 1 TL Kümmel

Zubereitung:

1. Alle Zutaten in den Reiskocher geben und auf hohe Stufe stellen. Der Reis sollte so lange kochen, bis er weder weich noch kross ist.

DIJONHÄHNCHEN, FARRO UND PILZE

Zutaten:

150 g Hähnchenbrustfilet, 1 TL Olivenöl, 2 Frühlingszwiebeln, gewürfelt, 240 g Champignons, 120 g Farro/Dinkel, 360 ml Gemüsebrühe, ½ Bund Petersilie

Marinade: 80 ml Balsamicoessig, 1 TL Olivenöl, 1 EL Dijonsenf, je 1 Prise Salz und Pfeffer

Zubereitung:

1. Huhn mit der Marinade marinieren. Frühlingszwiebeln in Olivenöl im Reiskocher anbraten. Pilze zugeben und 8 Minuten kochen. Dinkel zugeben, weitere 3 Minuten kochen. Brühe und Hühnchen zugeben, restliche Marinade wegschütten. Petersilie zugeben und 1 Stunde kochen.

HÄHNCHENCURRY, SCHNELL

Zutaten:

2 EL Speiseöl, 150 g Zwiebeln (Würfel) 1 Knoblauchzehe (gemahlen), 2 EL Currypulver, 500 ml Wasser, 1 Dose Tomaten (200 g), passiert, 450 g Hühnerbrust, klein geschnitten, 75 g Rosinen, 190 g Naturjoghurt, 50 g Cashewkerne, 250 g Reismischung

Zubereitung:

1. Knoblauch und Zwiebeln in Öl im Reiskocher fünf Minuten anschwitzen. Currypulver zufügen, zwei Minuten weiter kochen lassen.
2. Restliche Zutaten zufügen, gut umführen. Einstellung „Standard, kochen. Nach dem Kochvorgang gut durchrühren.

ROSMARINHÜHNCHEN

Zutaten:

500-1500 g Huhn, 2 Zwiebeln, geschält, 1 Zitrone, 2 Rosmarinzweige, 30 g Butter, je 1 Prise Salz/Pfeffer

Zubereitung:

1. Zwiebeln halbieren, mit der flachen Seite nach unten in den Reiskocher geben. Zitrone halbieren, mit Rosmarin ins Huhn geben. Huhn mit Butter einstreichen, mit Salz und Pfeffer würzen. Huhn auf die Zwiebeln legen.
2. Einstellung „weißer Reis" wählen und kochen. Falls die Kochzeit nicht reicht, den Kochvorgang noch einmal starten.

PASTA CARBONARA

Zutaten:

2 Liter Wasser, 6 Scheiben Speck, 1 kleine Zwiebel, gewürfelt, 1 Knoblauchzehe, 1 Ei, 2-3 Becher Schlagsahne, 400 g Nudeln, 100 - 150 g Parmesan, gerieben, 2 TL Salz, 1 Prise Pfeffer

Zubereitung:

1. Einstellung „Brauner Reis", Knoblauch, Zwiebeln und Speck im Reiskocher anbraten. Zur Seite stellen. Wasser in den Reiskocher fügen, aufkochen.
2. Pasta nach Packungsanleitung im Reiskocher kochen. Reiskocher ausschalten, Nudeln abgießen, in den Reiskocher zurückgeben. Restliche Zutaten in einer Schüssel vermengen.
3. Zu den Nudeln geben, Speck dazugeben und für 5 Minuten kochen lassen.

MAISKOLBEN

Zutaten:

4 Maiskolben, 40 g Speckwürfel, angebraten (evtl. Speckscheiben), 500 ml Saure Sahne, 240 g Kuhmilch- oder Schafskäse, 120 g rote Paprika, gewürfelt, 120 g Jalapeno, gewürfelt, 75 g Frühlingszwiebeln, hauchdünne Scheiben, je 1 Prise Salz/Pfeffer, 500 ml Wasser

Zubereitung:

Wasser im Reiskocher aufkochen. Maiskolben zufügen und dünsten. Alle Zutaten mit den Maiskolben in eine Schüssel geben, gut vermischen. Zum Ruhen über Nacht in den Kühlschrank stellen.

DIJON HÄHNCHEN

Zutaten:

150 g Hähnchenbrustfilet, 1 TL Olivenöl, 2 Frühlingszwiebeln, gewürfelt, 240 g Champignons, 120 g Farro/Dinkel, 360 ml Gemüsebrühe, ½ Bund Petersilie Marinade: 80 ml Balsamicoessig, 1 TL Olivenöl, 1 EL Dijonsenf, je 1 Prise Salz/Pfeffer

Zubereitung:

1. Hühnchen mit der Marinade marinieren. Frühlingszwiebeln in Olivenöl mit Standardeinstellung 5 Minuten im Reiskocher anbraten.

2. Pilze zufügen, weitere 8 Minuten kochen. Bei Bedarf Olivenöl zufügen. Dinkel zugeben, weiter 3 Minuten kochen.

3. Brühe und Hühnchen zugeben. Überschüssige Marinade abschütten. Petersilie zufügen und eine Stunde kochen.

Fisch & Meeresfrüchte

FISCH UND GELBER REIS

Zutaten:

300 g Reis, 3 EL neutrales Pflanzenöl, Salz, ½ TL Kurkumapulver, 300 g Brokkoli , Röschen, 400 g Zucchini, gestiftelt, 600 g Fischfilet gewürfelt, Saft von einer ½ Zitrone, 3 Knoblauchzehen fein gehackt, 1 Stück frischer Ingwer (ca. 30 g) fein gehackt, 1 kleine Zwiebel fein gehackt, 1 Bund frischer Koriander, 1 EL Fischsauce, 2 EL Sojasauce, 1 TL Currypulver, ½ TL Kreuzkümmelpulver, Pfeffer

Zubereitung:

1. 1 EL Öl in den Reiskocher geben, Reis darin anbraten. Mit 600 ml Wasser ablöschen, ½ TL Salz und Kurkuma zugeben. Reis nach Grundrezept kochen und quellen lassen.

2. Brokkoli und Zucchini in kochendem Salzwasser 1-2 Minuten blanchieren.

3. Fisch mit Zitrone beträufeln.

4. Brokkoli in Öl im Wok anbraten. Nach ca. 2

Minuten Zucchini zufügen, 1 Minute braten. Gemüse zum Rand schieben. Rest Öl zugeben, Knoblauch, Ingwer und Zwiebeln kurz andünsten. Fisch und Koriander zugeben, 2-3 Minuten mitbraten. Mit Saucen und Gewürzen vermischen, Salz und Pfeffer abschmecken. Reis daruntermischen.

FISCH CURRY UND REIS

Zutaten:

200 g Reis oder Vollkornreis, 500 ml Brühe, knapp 600 g Rotbarschfilet oder Dorschfilet, 1 unbehandelte Zitrone, Salz, Pfeffer, 1 Bund Frühlingszwiebel Ringe, 2 EL Öl, 300 g Erbsen TK, 2 EL Butter, Mehl zum Wenden, 2 EL Curry, ½ Bund Petersilie, 4 Tomaten

Zubereitung:

1. Reis mit Brühe im Reiskocher 20 Minuten garkochen.

2. Fisch salzen, pfeffern und mit Zitronensaft beträufeln.

3. Zwiebeln in Öl leicht anbraten, samt Erbsen in dden Reis mischen.

4. Butter zum Bratfett, Fisch gemehlt im Fett braun braten, zerteilen.

5. Reis mit Curry und Zitronenschale würzen. Dem Fisch zufügen. In einer Pfanne mit Petersilie und Tomatenstücken garniert servieren.

ZITRONENGRAS-SHRIMPS-SUPPE

Zutaten:

500 g Shrimps (entdarmt, gewaschen), 2 Karotten (Scheiben), 2 Staudensellerie (geschnitten), ½ Zwiebel (gewürfelt), 2 Knoblauchzehen (hauchdünn geschnitten), 2 dünne Scheiben Ingwer, 2 EL Pul Biber (alternativ scharfes Paprikapulver), 1 Stange Zitronengras, 1 Liter Gemüsebrühe, 2 EL Kokosnussöl

Zubereitung:

1. Zitronengras, Gemüse, Ingwer und Knoblauch mit dem Öl im Reiskocher 10 Minuten köcheln.

2. Gemüsebrühe und Pul Biber zufügen, 10 Minuten kochen. Shrimps zufügen und noch weitere 2-3 Minuten kochen.

SHRIMPS MIT ZITRONENRISOTTO

Zutaten:

2 EL Olivenöl, 30 g Butter, 2 kleine Zwiebeln, gewürfelt, 1 EL Zitronenschale, gemahlen, 230 g
Reis, 60 ml Weißwein, 750 ml Hühnerbrühe, 12
Shrimps, geschält und entdarmt, 175 g Mais-
kerne, 3 EL Zitronensaft, 50 g Parmesan, 1 Prise
Pfeffer, 1 Bund Petersilie, gehackt, 4 Zitronenzesten, 1 Prise Salz

Zubereitung:

1. Zwiebeln in Öl und einem Esslöffel Butter im
Reiskocher hinzugeben drei Minuten andünsten.
Zitronenzesten zufügen, umrühren.

2. Reis zufügen, verrühren, vier Minuten köcheln.
Wein zufügen, weitere 4 Minuten köcheln. Gemüsebrühe zufügen, gut vermengen, 20 Minuten
köcheln.

3. Shrimps, Zitronensaft und Mais zugeben und
verrühren. 5 Minuten kochen, nicht köcheln.

Restliche Butter zufügen, gut verrühren. Mit Salz sowie Pfeffer abschmecken und mit Parmesankäse obendrauf servieren.

SHRIMPS MIT MAISGRIEß

Zutaten:

500 g Shrimps, geschält und entdarmt, ½ Zwiebel, gewürfelt, 1 Knoblauchzehe, gemahlen, 50 g Butter, 2 Scheiben Speck, klein geschnitten, 1 EL Olivenöl, 170 g Maisgrieß/Polenta, 100 g Parmesan, gerieben, 1 Prise Salz, 1 Prise Pfeffer, 100 ml Bier

Zubereitung:

1. Wasser im Reiskocher aufkochen, Grieß zugeben, durchrühren und 5 Minuten weiterkochen.
2. Butter und Käse zufügen, verrühren und abkühlen lassen. Speck in Olivenöl in einer Pfanne anbraten. Zwiebeln und Knoblauch zufügen, mit andünsten.
3. Shrimps zufügen, mit Bier ablöschen. 3-5 Minuten braten. Mit Salz und Pfeffer abschmecken. Pfanneninhalt über den Grieß geben und servieren.

RÄUCHERLACHSFRITATTA

Zutaten:

6 Eier, 120 g Räucherlachs, 15 g Butter, 2 EL Koriander, gemahlen, 1 Prise Pfeffer

Zubereitung:

1. Eier mit Pfeffer verquirlen. Kocherboden mit Butter einstreichen. Eier in den Reiskocher geben. Lachs und Gewürze darauf geben.

2. Deckel schließen, fünf Minuten kochen und servieren.

LORBEERVERFEINERTE MUSCHELN

Zutaten:

30 g Butter, 2-3 kleine Zwiebeln, gewürfelt, 100 g Sellerie, geschnitten, 2 Knoblauchzehen, zermahlen, 220 g Kartoffeln, gewürfelt, 10 g Mehl, 500 ml Gemüsebrühe, 200 ml Sahne, 300 g Miesmuscheln, 1 Lorbeerblatt, 1 Thymianzweig

Zubereitung:

1. Zwiebeln, Knoblauch und Sellerie in Butter im Reiskocher 5 Minuten anbraten. Mehl zufügen, gut vermischen.

2. Gemüsebrühe, Lorbeer, Thymian und Kartoffeln zufügen, gut vermischen. 20 Minuten leicht köcheln. Je nach Gerät mit offenem Deckel.

3. Fischfond, Muscheln und Schlagsahne zufügen, gut verrühren und weitere 10 Minuten kochen.

MEERESFRÜCHTE MIT REIS UND KURKUMA

Zutaten:

15 Garnelen, geschält und entdarmt, Handvoll Tintenfischringe, 450 g Reis, 750 ml Wasser, 2 Sternanis, 3 Zimtstangen, 3 Gewürznelken, 3 EL Rosinen, 2 cm Stück Kurkuma, gemahlen, 1 Knoblauchzehe, gemahlen, 3 EL Speiseöl, Handvoll Cashewkerne

Zubereitung:

1. Kurkuma, Gewürznelken, Knoblauch, Zimtstangen und Sternanis in Öl in einer Pfanne anbraten. Zusammen mit dem Reis und den restlichen Zutaten in den Reiskocher geben. Gut durchrühren.
2. Wasser einfüllen, so, dass die Masse knapp mit Wasser bedeckt ist. Standardeinstellung, kochen. Vor dem Servieren mit Cashewkernen garnieren.

LACHSKARTOFFELGRATIN

Zutaten:

4 große Kartoffeln, dünne Scheiben, 2 Lachsfilets, 250 ml Milch, 1 Ei, 30 g Butter, 1 Prise Salz, 1 Prise Pfeffer

Zubereitung:

1. Butter in den Reiskocher geben. Abwechselnd Kartoffelscheiben mit dem Lachs, Salz und Pfeffer im Reiskocher schichten.

2. Milch mit dem Ei in einer Schüssel vermengen und über die Kartoffeln geben. Mit Standardeinstellung 60 Minuten kochen.

SPARGELREIS UND GEBRATENE JAKOBSMUSCHELN

Zutaten:

100 g weißer Reis, 100 ml Wasser zum Blanchieren vom Spargel: 2 Liter Wasser, 1 EL Salz, 350 g frischer Spargel, 1 Knoblauchzehe, geschält, 1 ganze frische Schalotte, geschält, 2 Liter Eiswasser, 2 EL Butter (Raumtemperatur), ½ TL Salz, Wasser nach Bedarf

zum Garnieren: 125 g große Muscheln, ½ TL Salz, 2 TL Pflanzenöl

Zubereitung:

1. Reis waschen und in den Reiskocher geben. Wasser zufügen, Einstellung „Gemischter Reis", kochen. Spargel blanchieren. Dazu Wasser in einem Topf aufkochen, Salz zufügen. Eiswasser bereitstellen. Spargelenden abschneiden und wegwerfen. Spargelspitzen abschneiden und zur Seite stellen. Restlichen Spargel in gleiche,

mundgerechte Stücke schneiden.

2. Spargeln mit Knoblauch und Schalotten in das kochende Wasser geben und 1 Minute blanchieren. Herausnehmen und in Eiswasser abschrecken. Spargel mit Salz und Butter pürieren. Bei Bedarf etwas Blanchierwasser zugeben.

3. Spargelspitzen blanchieren und abschrecken. Zur Seite stellen. Jakobsmuscheln salzen und in Öl in einer leicht braten. Aus der Pfanne nehmen, Spargelspitzen in die Pfanne geben, schnell umrühren.

4. Spargelpüree leicht unter den Reis heben. Mit Jakobsmuscheln und Spargelspitzen garniert servieren.

Vegetarisch & Vegan

NUDELSUPPE

Zutaten:

1 EL Olivenöl, 1 Knoblauchzehe, gemahlen, 1 Zwiebel, gewürfelt, 3 Karotten, geschnitten, 400 g Erbsen, 450 g passierte Tomaten, 150 ml Gemüsesaft, 60 ml Wasser, 3 EL Rotwein, 2 EL Worcestershiresauce, 200 g Nudeln, 1 Prise Gewürzmischung nach Wahl, je 1 Prise Salz und Pfeffer

Zubereitung:

1. Zwiebeln und Knoblauch in Öl im Reiskocher anschwitzen.
2. Restliche Zutaten zufügen und 25 Minuten kochen.

REISKOCHERPASTA, GANZ FIX

Zutaten:

200 g Nudeln 360 ml Hühnerbrühe 1 TL Salz, 250 ml Milch 150 g Käse, gerieben

Zubereitung:

1. Pasta, Hühnerbrühe und Salz im Reiskocher 15 Minuten kochen.

2. Käse und Milch zufügen, weiter 20 Minuten kochen. Wer möchte, kann fein geschnittenen Brokkoli zugeben.

3. Gut vermengen und servieren.

QUICHE

Zutaten:

4 Eier, 2 EL Olivenöl, 1 Becher Schlagsahne, 50 g
Käse, gerieben, 120 g Pancetta, geschnitten, 1
kleine Zwiebel, gewürfelt, 200 g Kohl, geschnitten, 1 Prise Pfeffer, 100 g Mürbeteig

Zubereitung:

1. Zwiebeln, Kohl und Pancetta in einer Pfanne
anbraten und zur Seite stellen. Teig in den Reiskocher legen. Eier, Käse und Schlagsahne zur
Zwiebelmischung geben und unterrühren.
2. Die Mischung mit Pfeffer würzen und auf den
Teig geben. Einstellung „Weißer Reis", kochen.

PILZE MIT MANDELSPLITTER UND REIS

Zutaten:

340 g Weißer Reis, 2 TL Knoblauchpulver, 2 TL Olivenöl, ½ Zwiebel, gewürfelt, 75 g Champignons, in Scheiben, 35 g Mandelsplitter, 500 ml Gemüsebrühe

Zubereitung:

1. Zwiebeln und Knoblauch in Olivenöl in einer Pfanne anschwitzen.

2. Pfanneninhalt mit den restlichen Zutaten in den Reiskocher geben und gut vermischen. Deckel schließen, Standardeinstellung wählen und kochen. Noch einmal gut vermengen und servieren.

PFIFFIGES OMELETTE

Zutaten:

½ Frühlingszwiebel, dünn geschnitten, 2 EL Koriander, gemahlen, 200 g Gemüse nach Wahl, 1 TL Butter, 1 Handvoll Champignons, 3 Eier, aufgeschlagen, 1 EL Kaffeesahne, 50 g Cheddar, gerieben, 1 Prise Salz, 1 Prise Pfeffer

Zubereitung:

1. Wasser im Reiskocher aufkochen, Butter und Pilze, Frühlingszwiebeln, Koriander und das Gemüse und Tomaten zugeben, 2 Minuten anbraten.

2. Eier, Salz, Kaffeesahne und Pfeffer verquirlen. Vorsichtig zum Gemüse geben und verrühren.

3. Deckel schließen, 12-14 Minuten kochen. Käse dazugeben und untermengen

.

HUMMUS, KLASSISCH

Zutaten:

200 g Kichererbsen, 1 EL Tahinapaste, 3 EL Olivenöl, 1 TL Kreuzkümmel, gemahlen, 1 TL Koriander, gemahlen, 2 Knoblauchzehen, 60 ml Zitronensaft, je 1 Prise Salz/Pfeffer

Zubereitung:

1. Kichererbsen über Nacht in Wasser einweichen, abspülen und in den Reiskocher geben. Gut mit Wasser bedecken.
2. Einstellung „Weißer Reis", kochen. Nach dem Kochen Kichererbsen mit den restlichen Zutaten mixen bzw. pürieren.

GRÜNKOHL MAL ANDERS

Zutaten:

200 g braune Linsen, 270 g Grünkohl, zerkleinert, 1 EL italienische Kräutermischung, 1 Lorbeerblatt, 2 Knoblauchzehen, gemahlen, 120 ml
Wasser, 500 ml Gemüsebrühe

Zubereitung:

Alle Zutaten in den Reiskocher geben und gut
vermischen. Einstellung „Brauner Reis", 40 Minuten kochen. Gut durchmengen und servieren.

GRANATAPFEL MIT QUINOA UND GERÖSTETEN PINIENKERNEN

Zutaten:

340 g Quinoa, 15 g Pfefferminzblätter, geschnitten, ½ TL Gewürzmischung nach Wahl, 150 g Granatapfelkerne, 1 Liter Wasser, 1 EL Olivenöl, 2 EL Limonensaft (oder Zitronensaft), 35 g geröstete Pinienkerne, 1 Prise Salz

Zubereitung:

1. Quinoa, Salz und Wasser in den Reiskocher geben, gut vermengen. Einstellung „Weißer Reis", kochen. Quinoa mit einer Gabel auflockern und in eine Schüssel umfüllen.
2. Limonensaft und Gewürzmischung zufügen, gut mischen. Restliche Zutaten zufügen und gut vermischt servieren. Die Minze darf nicht mitkochen.

GELBWURZEL-CURRY-QUINOA

Zutaten:

170 g Quinoa, 200 ml Wasser, 1 Prise Paprika-pulver, 1 TL Currypulver, 1 TL Kurkuma/Gelb-wurzel, 2 EL Knoblauchpulver, 2 EL getrocknete Petersilie, 2 TL Zwiebelpulver, 300 g Tomaten, geschnitten

Zubereitung:

Alle Zutaten im Reiskocher kochen, bis die Flüs-sigkeit komplett aufgesogen wurde. Gut durch-rühren.

REIS-BOHNEN-CHILI GEDÄMPFT

Zutaten:

115 g Reis, 1 TL Oregano, 1 TL Kreuzkümmel, 1 Peperoni, 1 TL Ingwer, 1 grüne Paprika, gewürfelt, 1 Knoblauchzehe, gemahlen, ½ Zwiebel, gewürfelt, 250 ml Wasser, 300 g Tomaten, in Scheiben, 90 g Zuckermais, 120 g Schwarze Bohnen

Zubereitung:

1. Tomaten, Zwiebeln, Ingwer, Knoblauch und Wasser im Reiskocher vermengen und aufkochen. Restliche Zutaten zufügen.
2. 15 Minuten kochen, gut verrühren und warm servieren.

FRISCH UND FRUCHTIG: APFEL-ORANGEN-QUINOA-SALAT

Zutaten:

340 g Quinoa, 1 Pfefferminzstil, 95 g Pekannuss, geröstet und zerkleinert (alternativ: Walnüsse), 1 geschälte und in Stücke geschnittene Orange, 1 geschälter und klein geschnittener Apfel, 550 ml Wasser, 2 TL Zimt, 1 EL Ahornsirup

Zubereitung:

1. Wasser und Quinoa im Reiskocher mit Einstellung „Brauner Reis" kochen.
2. Gekochtes Quinoa in eine Schüssel geben. Restliche Zutaten in die Schüssel zufügen und gut vermischen.

SOMMERGEMÜSE FRITTATA

Zutaten:

1 Knoblauchzehe, gemahlen, 1 Zwiebel, gewürfelt, 1 Kartoffel, gewürfelt, 1 Zucchini, fein geschnitten, 1 Prise Salz, 1 Prise Pfeffer, je 1 EL Olivenöl für Reiskocher und Pfanne, 6 Eier, aufgeschlagen, 2 EL geriebener Käse nach Wahl

Zubereitung:

1. Knoblauchzehe in Öl in einer Pfanne anschwitzen, wieder herausnehmen. Gemüse in die Pfanne geben und bei schwacher Hitze 1-2 Minuten anschwitzen. Mit Salz und Pfeffer abschmecken.

2. Alle Zutaten mit dem Olivenöl in den Reiskocher geben, verrühren und zum Kochen Standardeinstellung wählen.

FRISCHER SPARGEL MIT TOFU

Zutaten:

180 g Tofu, gewürfelt, ½ Bund Spargel, geschält, 1 TL Honig, Spritzer Reiswein oder Sherry, 1 TL Sesamöl, 1 TL Pflanzenöl, 1 Knoblauchzehe, gemahlen, ½ Karotte, fein geschnitten

Zubereitung:

1. Alle Zutaten gut vermengen und in den Reiskocher geben.

2. 25 Minuten dünsten nach Bedarf Reiswein oder Sherry und Öl zufügen. Vor dem Servieren gut verrühren.

VEGETARISCHE PENNE, EINFACH

Zutaten:

300 g Vollkornnudeln, 200 g Weiße Bohnen
(Dose), 200 g Tomaten, passiert, 200 g Tomaten,
stückig-scharf, 75 g süße Zwiebeln/Gemüse-
zwiebeln, gewürfelt, 350 g Brokkoli, zerkleinert,
1 EL Knoblauch, gemahlen, 100 g halbierte Ra-
dieschen, 500 ml Gemüsebrühe, 250 ml Wasser

Zubereitung:

Alle Zutaten zusammen im Reiskocher mit der
Einstellung „Weißer Reis" kochen. Während des
Kochvorgangs zweimal durchrühren.

COUSCOUS MIT FRÜHLINGSZWIEBELN, EINFACH

Zutaten:

170 g Couscous, 500 ml Gemüsebrühe, 1 Frühlingszwiebel, gehackt, 1 EL Olivenöl, ½ TL Salz

Zubereitung:

1. Frühlingszwiebel in Olivenöl im Reiskocher dünsten.

2. Couscous zufügen, mehrere Minuten kochen, ständig rühren. Vorsicht, brennt leicht an. Gemüsebrühe und Salz zugeben, gut umrühren. 2-3 Minuten weiterkochen.

3. Gut durchgerührt servieren.

CURRYBLÄTTER MIT REIS UND KOKOSNUSSMILCH

Zutaten:

450 g weißer Reis, 20 Curryblätter, 180 ml Kokosnussmilch, 360 ml Wasser, 1 Prise Salz

Zubereitung:

Alle Zutaten im Reiskocher geben gut vermischen. Einstellung „Weißer Reis", kochen. Reis mit einer Gabel aufgelockert servieren.

CREMIGES KAROTTEN-RISOTTO

Zutaten:

225 g Risottoreis, 750 ml Gemüsebrühe, 1 Zwiebel, gewürfelt, 2 Karotten, fein geschnitten, 1 EL Olivenöl, 15 g Butter

Zubereitung:

1. Zwiebeln und Karotten in Butter und Öl im Reiskocher 5 Minuten kochen.
2. Restliche Zutaten zufügen und gut vermengen. 30 min kochen. Gut vermengt servieren.

CREMIGER KOKOSNUSSREIS

Zutaten:

900 g Basmatireis, 840 ml Kokosnussmilch, 1 Prise Kurkuma, 1 Messerspitze Zimt, 1 Prise Nelkenpulver oder zerstoßene Gewürznelken (alternativ: 1 TL Vanillepulver + 1 TL Zimtpulver verwenden), 1 Prise Kardamompulver

Zubereitung:

1. Alle Zutaten im Reiskocher gut vermischen, Einstellung Standard, kochen.
2. Gut durchgerührt warm servieren.

CRANBERRY-GRÜNKOHL-QUINOA

Zutaten:

60 g Quinoa, 2 Esslöffel Orangensaft, 1 Esslöffel Olivenöl, 40 g getrocknete Cranberrys, 35 g Grünkohl, zerkleinert, 160 ml Wasser, 1 Prise Zimt, 1 Prise Pfeffer, kleine Prise Salz

Zubereitung:

1. Alles außer den Gewürzen in den Reiskocher geben, gut vermischen und 20 Minuten kochen. 2-3-mal umrühren.
2. Wenn es richtig kocht, Reiskocher ausschalten, Gewürze zugeben, noch einmal gut vermischen.

BRAUNE LINSEN

Zutaten:

2 EL Olivenöl, 1 TL Currypulver, 1 TL Kümmel, 200 g Braune Linsen, gewaschen, 700 ml Wasser, 200 g Tomaten, passiert, 1 kleine Zwiebel, gewürfelt, 1 EL Dörrgemüse/Trockengemüse nach Wahl, 2 EL Petersilie, fein geschnitten, 1 Prise Salz, 1 Prise Pfeffer

Zubereitung:

1. Alle Zutaten im Reiskocher gut vermischen. Einstellung „Weißer Reis", kochen.
2. Eventuell 1-2 Mal umrühren. 10 Minuten abkühlen lassen und servieren.

ANIS-REIS

Zutaten:

150 g Jasminreis, 150 ml Kokosmilch, 150 ml Wasser, 1 EL frischer Kerbel, ½ TL Anissamen

Zubereitung:

1. Reis waschen, mit Wasser, Kokosmilch und Anissamen in den Garkorb vom Reiskocher geben.

2. Garkorb in den Reiskocher geben, Funktion „Reis kochen". Kerbel waschen, hacken.

3. Reis in eine Schüssel geben und mit Kerbel gemischt servieren.

KRÄUTER-RISOTTO

Zutaten:

300 g Risottoreis, 1 l Gemüsebrühe, 50 g Parmesan, 1 Knoblauchzehe, gehackt, 25 g Butter, 1 EL Olivenöl, 3 EL Petersilienblätter, 3 EL Basilikumblätter, 3 EL Oreganoblätter, 3 EL Thymianblätter, einige Salbeiblätter (zum garnieren), 1 Zwiebel, gehackt, Salz, Pfeffer

Zubereitung:

1. Reis mit Salz in den Reiskocher geben. Zwiebel und Knoblauch in Olivenöl und Butter anbraten, zum Reis geben.

2. Brühe zugeben, Deckel schließen. Funktion „Reis kochen". Nach dem Kochen in eine Schüssel umfüllen. Kräuter und Parmesan zufügen und gut verrühren. Mit Salz und Pfeffer abschmecken und mit Salbeiblättern dekoriert servieren.

BASMATI-ROSINEN-REIS

Zutaten:

420 g Basmatireis (ca. 3 Tassen), 1 EL Butterschmalz, 1 EL Ghee, 750 ml Wasser (ca. 4 ½ Tassen), 1 Sternanis, 1 Kardamomkapsel, 20 g Cashewkerne, 2 EL Rosinen, 1 EL Knoblauch-Ingwer-Paste, 1 Zwiebel, Ringe, Salz, Kurkuma

Zubereitung:

1. Cashewkerne in beschichteter Pfanne rösten, auf einem Teller zur Seite stellen. In der Pfanne Butterschmalz erhitzen, Rosinen zufügen und anbraten. Zwiebel zufügen, glasig dünsten. Alle Gewürze zugeben und mit anbraten.

2. Reis waschen, der Pfanne zufügen, gründlich vermischen, braten. Mit Salz und Pfeffer würzen. Alles zusammen mit den Rosinen und Cashewkernen in den Reiskocher geben, Funktion „kochen" wählen.

3. Nach Hälfte der Kochzeit Kurkuma zugeben

GEBACKENER REIS "GRATIN"

Zutaten:

1. 300 g weißer Reis, 1 TL Salz

2. 380 ml milde Cremesuppe (Kartoffeln, Lauch oder Sellerie), 300 ml Milch, 50 g Parmesankäse, gerieben, 1 EL Olivenöl, 1 TL Salz

3. 25 g Brotkrumen, 25 g Parmesankäse, gerieben

Zubereitung:

1. Reis waschen, mit Salz und Wasser in den Reiskocher geben, Einstellung „Weißer Reis", kochen. Suppe, Milch und Parmesankäse in einer Schüssel vermischen. Auflaufformen mit etwas Olivenöl einstreichen. Ofen auf 200° Grad vorheizen.

3. Fertig gekochten Reis mit Salz würzen und gut durchrühren. Die Mischung auf die Formen verteilen, Paniermehl, Parmesan und Olivenöl darüber geben. 20 bis 30 Minuten backen.

QUINOA SUCCOTASH

Zutaten:

400 ml Hühnerbrühe oder Gemüsebrühe, 400 g
Zuckermais, 200 g schwarze Oliven, in Scheiben,
200 g Erbsen und Karotten, 2 EL Tomatenmark,
50 ml Wasser, 100 g Quinoa

Zubereitung:

1. Wasser, Hühnerbrühe, Tomatenmark und
Quinoa im Reiskocher vermischen, 2 Minuten
kochen. Gemüse in einer extra Schüssel vermengen. Gemüse dem Reiskocher zugeben und gut
unterrühren.

2. 15 Minuten köcheln. Heiß servieren.

VEGANER CURRY

Zutaten: 200 g weißer Reis, 200 ml Wasser, 3 EL Curry-Pulver, 1 EL Olivenöl, 3 EL Zitronengras, 5 getrocknete Lorbeerblätter, 100 g gewürfeltes Tofu oder vegetarisches Fleisch, 100 g gewürfelte Kartoffel oder Kürbis, 100 g gewürfelte Karotten

Zubereitung:

1. Den Reis mit allen Zutaten im Reiskocher vermengen. Einstellung Standard, 30 Minuten kochen.

2. Das Wasser je nach Reiskocher zugeben. Die trockene Seite vom Reis sollte fest sein.

BRAUNER REIS "MAC AND CHEESE"

Zutaten:

1. 200 g brauner Reis (Reismessbecher)
2. 100 ml Magermilch, 1 EL Maisstärke, gelöst in 2 EL kalte Milch, jeweils 50 g geriebener Cheddar, Mozzarella und Ricotta-Käse, 1 TL Worcestersauce, 1 Prise gemahlene Muskatnuss, 1 Prise gemahlener Cayennepfeffer, Salz zum Abschmecken, 100 g pürierte Tomaten, 50 g geriebener Parmesankäse

Zubereitung:

1. Reis waschen, mit Wasser in den Reiskocher geben, Einstellung „Brauner Reis" wählen, kochen.
2. Während der Reis kocht, Milch erhitzen, mit der Stärke andicken. Vom Herd nehmen, Käse einrühren und in der Milch schmelzen lassen. Glattrühren. Mit Worcestershire-Sauce, Muskatnuss, Cayennepfeffer und Salz abschmecken. Den

fertig gekochten Reis zur Käsemischung eben, in eine Auflaufform füllen.

3. Kleine Löcher in die Mischung machen und mit den passierten Tomaten füllen. Restliche Tomaten darüber verteilen, mit Parmesan bestreuen und bei 200 Grad im vorgeheizten Ofen goldbraun backen.

4. Dazu passt gut ein grüner Salat.

AVOCADO MIT JOGHURT-SAUCE

Zutaten:

1. 200 g (Reismessbecher) langkörniger weißer Reis

2. 150 g griechischer Joghurt, ½ TL Salz, 1 TL Honig, 1 EL Petersilie, gehackt, 3 reife Avocados, entkernt und geschält, 100 g Tomaten, gewürfelt

Zubereitung:

1. Reis waschen und mit Wasser in den Reiskocher geben. Einstellung „Gemischter Reis", kochen.

2. Joghurt, Salz, Honig und Petersilie mischen. Avocados in mundgerechte Stücke schneiden. Den fertig gekochten Reis auf Schüsseln verteilen, Joghurt- Sauce, Tomaten und Avocados garniert servieren.

BRAUNER REIS MIT ARTISCHOCKEN

Zutaten:

1. 200 g (Reismessbecher) kurzer oder mittelkörniger brauner Reis

2. 2 EL Olivenöl, ½ mittlere Zwiebel, gehackt, 400 g Artischockenherzen (Dose), gehackt, 1 TL Salz-, ¼ TL Pfeffer, Zitronenschale, 2 EL frischer Dill, gehackt

Zubereitung:

1. Reis waschen und mit Wasser in den Reiskocher geben. Einstellung "Brauner Reis" wählen, kochen.

2. Kurz bevor der Reis fertig ist, eine Pfanne auf mittler Hitze erwärmen. Zwiebeln in Olivenöl ca. 5 Minuten braten, bis sie weich werden. Artischocken zugeben, weitere 3 Minuten braten. Den fertig gekochten Reis, Salz, Pfeffer und Zitronenschale zufügen. Gut umrühren, erhitzen.

3. Hitze wegnehmen, Dill unterrühren.

TOFU UND SPARGEL

Zutaten:

½ kleiner Bund Spargel, 170 g gebratener Tofu, gewürfelt, ½ kleine Karotte, geschält, dünn geschnitten, 1 Knoblauchzehe, gehackt, 2 TL Austernsauce, 1 TL Aloha Shoyu, 1 TL Öl, 1 TL Sesamöl, 1 TL Mirin, 1 TL Honig

Zubereitung:

1. Alle Zutaten gut mit einander vermischen.

2. Die Mischung in den Reiskocher geben und 15 bis 20 Minuten dämpfen.

SCHWARZER REIS MIT QUINOA SALAT

Zutaten:

100 g schwarzer Reis, 100 g Quinoa, 2 Bündel Knoblauchstiele, Walnüsse, Austernsauce

Zubereitung:

1. Reis waschen und mit dem Quinoa mischen, beides in den Reiskocher geben. Kleine Stufe wählen und kochen. In einer Pfanne Knoblauchstiele in Sesamöl erhitzen. 1 EL Austernsauce zugeben. Gut verrühren, Walnüsse zufügen.

2. Die fertige Reis-Quinoa-Mischung in die Pfanne geben und verrühren.

Süßspeisen

SCHWEIZER REISKUCHEN

Zutaten:

120 g Langkornreis, 200 g Zucker, 1 Prise Salz, 1
EL Butter, 750 ml Milch, Zitronenzesten, 70 g
Mandeln, gemahlen, 3 aufgeschlagene Eier
„Pie-Crust" (oder handelsüblicher Mürbeteig):
200 g Mehl, ½ TL Salz, 2 EL Zucker, 115 g Butter,
4 EL Wasser

Zubereitung:

1. Reis im Reiskocher kochen. Den fertig gekochten Reis mit Milch, Butter, Zucker und Salz in
eine Pfanne geben. Bei mittlerer Hitze aufkochen. Hitze reduzieren und 25 Minuten köcheln.
2. Abkühlen lassen, pürieren. Mit den Zitronenzesten, Mandeln, Pie-Crust und Mehl verrühren,
Eier unterrühren. Masse im Reiskocher mit Einstellung „Weißer Reis" kochen.
3. Für den Pie-Crust Mehl, Salz und Zucker mischen. Butter in kleinen Stückchen zufügen, un-
terkneten. Teig mit kaltem Wasser einreiben und

eine Kugel formen. Teig ausrollen, in eine Back-
form geben und für eine Stunde in den Kühlschrank stellen.

PFEFFERMINZ SCHOKOTRÜFFEL

Zutaten:

240 g dunkle Schokolade, 60 ml Schlagsahne, 1 TL Pfefferminzextrakt, 240 g Zuckerstangen, zerkleinert, 250 ml Wasser

Zubereitung:

1. Schokolade mit Sahne im Wasserbad im Reiskocher schmelzen.

2. In die geschmolzene Schokolade das Pfefferminzextrakt zufügen, verrühren, Hitze wegnehmen. Wasserbadschüssel aus dem Reiskocher entfernen, bei Zimmertemperatur abkühlen lassen.

3. Die abgekühlte Wasserbadschüssel für eine Stunde in den Kühlschrank stellen. Anschließend 2 Stunden bei Raumtemperatur ruhen lassen. Schokoteig kleine Trüffel formen.

4. Trüffel durch die zerkleinerten Zuckerstangenstücke rollen.

ORANGENMARMELADE

Zutaten:

500 g ungeschälte Orangen, 250 g Zucker

Zubereitung:

1. Orangen klein Schneiden, Kerne entfernen. Wer die Schale möchte, auch entfernen.

2. Orangen und Zucker 15 Minuten im Reiskocher köcheln. Die heiße Marmelade in ein steriles Glas umfüllen und gut verschließen.

FRUCHTIGER GRANATAPFELSAFT

Zutaten:

2 Birnen, halbiert, 500 ml Granatapfelsaft, 500 ml Apfelschaumwein/Cidre, 1 Zimtstange, Abrieb einer Zitronenschale, 2 Knoblauchzehen, 2 Anissterne, 3 Kardamomkapseln, Stück Ingwer, fein geschnitten, Orangensahnesauce: 1 EL Olivenöl, Prise Salz, Prise Pfeffer, 1 TL Kurkuma, 100 ml Sahne, 200 ml Orangensaft

Zubereitung:

1. Olivenöl in einer Pfanne erhitzen und mit Orangensaft und Sahne ablöschen, einkochen. Mit Salz, Gewürzen und Kurkuma abschmecken. Bei schwacher Hitze weitere 5 Minuten köcheln. Nach eigenem Geschmack mit Kräutern abschmecken.

2. Sauce abkühlen lassen und in einem luftdicht geschlossenen Behälter kühlstellen. Restliche Zutaten in den Reiskocher geben und 50 Minuten

mit Einstellung „Weißer Reis" und geschlosse-
nem Deckel kochen. Die Birnenhälften sollten
oben liegen. Deckel öffnen, Birnenhälften wenden.

3. Eine Stunde im Reiskocher ruhen lassen. Die
Birnenhälften erneut wenden und über Nacht
kühl stellen. Mit Orangensahnesaue garnieren.

OBSTSALAT MIT BOHNEN UND QUINOA

Zutaten:

190 g Quinoa, 500 ml Wasser, 50 ml Orangensaft, 50 ml Limonensaft (oder Zitronensaft), 12 Jalapenos, fein geschnitten, 2 Stiele Pfefferminze, gehackt, 30 g Koriander, 1 rote Paprika, gewürfelt, 100 g Schwarze Bohnen, vorgekocht, 100 g Avocado Stücke, 330 g Mango Scheiben, 2 EL Balsamicoessig, 2 EL Olivenöl, ½ TL Salz, Prise Pfeffer

Zubereitung:

1. Quinoa, Wasser und Salz im Reiskocher gut vermischen, 15 Minuten kochen. Quinoa mit einer Gabel auflockern, in eine Schüssel umfüllen.
2. In einer zweiten Schüssel Essig und Olivenöl vermischen und zum Quinoa geben. Gut verrühren. Für ein paar Minuten ruhen lassen. Restliche Zutaten zugeben und gut miteinander vermengen.
3. Mit Salz und Pfeffer abschmecken.

FRISCHER BEERENKOMPOTT

Zutaten:

200 g Erdbeeren, halbiert, 100 g Heidelbeeren, 125 g Himbeeren, 1 EL Limonensaft, ½ TL Vanilleextrakt, 1 EL Wasser, 75 g Zucker

Zubereitung:

Alle Zutaten in den Reiskocher geben und gut vermischen. Deckel schließen, Einstellung Standard wählen und kochen. Nach dem Kochen gut verrühren.

REISPUDDING MIT APFEL UND ZIMT

Zutaten:

230 g weißer Reis, 240 g Apfelstücke, entkernt, 1 EL Vanilleextrakt, 60 g Butter, 420 g Kondensmilch, 1 Messerspitze Muskatnuss, 150 g Rosinen, 750 ml Wasser, Prise Salz, 1 TL Zimtpulver

Zubereitung:

1. Den Reis mit den Apfelstücken, Rosinen, Muskatnuss und Wasser im Reiskocher gut vermengen. Einstellung „Standard" wählen, kochen.

2. Butter, Vanille und Kondensmilch zufügen und gut verrühren. Kochen, bis die Flüssigkeit komplett aufgesogen wurde. 3. Gut vermengen, mit Zimt abschmecken. Warm servieren.

ANANAS-REIS-PUDDING

Zutaten:

350 ml Reismilch (alternativ: Sojamilch oder Kokosmilch), 300 ml Wasser, Prise Salz, 170 g Jasminreis, 75 g Zucker, 120g Eipulver, 1 TL Vanilleextrakt, 200 g Ananas im eigenen Saft, stückig, (Dose)

Zubereitung:

1. 200 ml der Reismilch mit Wasser in den Reiskocher geben und mit Einstellung „Weißer Reis" kochen.

2. Reis und Salz zufügen, mindestens 30 Minuten ruhen lassen. Warmhaltefunktion einschalten. Restliche Reismilch, Eipulver, Zucker und Vanille in einer Schüssel miteinander vermischen. Ananas mit zufügen.

3. Mischung in die noch warme Reismilch geben und verrühren. Dickflüssig einköcheln.

MILCHREIS

Zutaten: Milchreis, einen Teil Kokosmilch, zwei Teile Wasser, Zucker, nach Belieben Zimt, Sternanis, Muskat, 1 Stück Butter

Zubereitung:
1. Alle Zutaten außer der Butter in den Reiskocher geben und kochen.
2. Schaltet der Reiskocher auf „warmhalten", Butter zufügen, zerlaufen lassen und servieren.

REISPUDDING

Zutaten:

500 ml Kokosmilch, 500 ml Wasser, 200 ml Kondensmilch, 1 EL Butter, 100 g Basmatireis, 10 Safranfäden, 2 EL gehackte Pistazien, 2 EL gehackte Mandeln, 60 g Zucker, Kardamom, 1 EL Rosenwasser

Zubereitung:

1. Reis waschen, Safranfäden 10 Minuten in einem EL Wasser ziehen lassen. Reis mit Butter, Kokosmilch, Wasser und Kondensmilch in den Reiskocher geben und kochen.

2. Safran mit Einweichwasser in einer Schüssel mit Pistazien, Mandeln und Zucker mischen. Zum Reis geben und noch einmal kochen. Schaltet der Reiskocher auf „Warmhalten" Rosenwasser zufügen, verrühren, abkühlen lassen.

APFELKUCHEN GANZ EINFACH

Zutaten:

250 g Pfannkuchenmischung, 150 ml Milch, 1 Ei, 15 g Butter, 40 g Zucker, 1 EL Wasser, 1 Apfel

Zubereitung:

1. Mischung, Ei und Milch gut vermischen. Eine Hälfte vom Apfel in Stücke, die anderen in Scheiben schneiden. Apfelstücke zur Mischung geben und verrühren.

2. Die Apfelscheiben mit den restlichen Zutaten in eine Pfanne geben und braun braten. Etwas Backpapier in den Reiskocher geben. Die gekochten Äpfel, anschließend den Teig auf das Backpapier geben und ein- bis zweimal für ca. 20 Minuten kochen.

CHOCOLATE BROWNIE KUCHEN

Zutaten:

1 Packung Schokoladenkuchenmischung, 1 Ei, 100 g Butter, 5 EL Wasser, geriebener Käse

Zubereitung:

1. Butter schmelzen. Alles Zutaten vermischen. Reiskocher mit Butter bestreichen. Alle Zutaten zusammen in den Reiskocher geben.

2. Kochvorgang starten. Wird der Reiskocher zu warm, kurz Deckel öffnen und wieder schließen. Wieder Kochtaste drücken. Nach 5 Minuten öffnen, wieder schließen wieder Kochtaste dückten. Den Schritt circa 6 Mal wiederholen.

3. Kuchen aus dem Reiskocher nehmen und auf einen Teller geben. Geriebenen Käse als Belag draufstreuen und warm servieren. Wer keinen Käse mag, kann ihn weglassen.

FRISCHKÄSEKUCHEN

Zutaten:

200 g Mehl, 100 g Zucker, 3 Eier, 1 TL Backpulver, 1 EL Butter, 100 ml Milch, 2 EL Frischkäse, 2 Stück Käse, nicht zu salzig, 2 EL Olivenöl, Prise Salz

Zubereitung:

1. Eier trennen, Eiweiß mit Zucker steifschlagen. Eigelb zugeben und verrühren.
2. Restliche Zutaten zufügen, zu einer glatten Masse verrühren. Die Reiskocherform mit Olivenöl ausfetten. Kuchenmischung einfüllen und mit Folie abdecken.
3. Wechselt der Reiskocher in Warmhaltemodus, Backvorgang prüfen. Der Kuchen sollte nach 20 bis 30 Minuten fertig sein. Den Kuchen herausnehmen und abkühlen lassen.

MUFFIN-KUCHEN

Zutaten:

Kochspray, 100 g Mehl, 30 g Zucker, 2 TL Backpulver, 1 TL Backpulver, ¼ TL Salz, 150 g Kleieflocken, zerkleinert, 100 ml Milch, je 1 ½ TL gemahlener Zimt, gemahlene Muskatnuss, Vanilleextrakt, 1 Ei, 25 ml Olivenöl, 50 g Apfelwürfel, 50 g Bananenwürfel, 30 g Rosinen

Zubereitung:

1. Trennspray in den Reiskocher sprühen. Mehl, Zucker, Backpulver, Natron und Salz vermischen. Kleieflocken, Milch, Zimt, Muskatnuss und Vanilleextrakt in einer separaten Schüssel vermischen. Die Kleieflocken sollten die Milch leicht aufsaugen. Ei und Öl zur Kleiemischung geben und sorgfältig verrühren. Mehl unterrühren.

2. Apfel, Banane und Rosinen vorsichtig in den Teig unterheben. In den Reiskocher geben und insgesamt 30 Minuten backen. Kuchen rausnehmen und auskühlen lassen.

Bonus: Dampfgarer-Rezepte

DAMPFGEGARTE MUSCHELN MIT SCHWARZER BOHNENSAUCE

Zutaten:

500 g Miesmuscheln (TK oder frisch), 500 ml Wasser,

Sauce: 2 EL Wasser, 1 TL brauner Zucker, 3 Knoblauchzehen, gemahlen, 2 Lauchzwiebeln, fein geschnitten, 4 EL Paprikapulver, ½ TL Fischfond, 15 g Koriander, geschnitten

Zubereitung:

1. Muscheln in kochendes Wasser in den Reiskocher geben. 6-8 Minuten kochen.

2. Muscheln kochen, bis alle geöffnet sind. Herausnehmen und auf einen Teller geben. Alle Zutaten für die Sauce 1-2 Minuten in einer Pfanne anbraten.

3. Sauce zu den Muscheln reichen.

GRÜNE BOHNEN

Zutaten:

500 ml Wasser, 500 g grüne Bohnen/Gartenbohnen

Zubereitung:

Bohnen im Dampfgaraufsatz für 10-12 Minuten im Reiskocher dämpfen.

SÜßKARTOFFELN

Zutaten:

500 ml Wasser, 500 g Süßkartoffeln

Zubereitung:

Süßkartoffeln schälen und würfeln. Die Süßkartoffelstücke im Dampfgareinsatz im Reiskocher ca. 17 Minuten dünsten.

RAFFINIERTE
SCHWEINEBRÖTCHEN

Zutaten:

300 g Mehl, 55 g Puderzucker, 30 g Schmalz, 1 EL Erdnussöl, 1 Knoblauchzehe, zerdrückt, 2 TL geriebener Ingwer, 1 TL Sesamöl, 1 EL Hoisin Soße, 1 TL Maismehl, kombiniert mit 60 ml Wasser, 200 g chinesisches gegrilltes Schweinefleisch, gehackt

Zubereitung:

1. Mehl und Zucker verkneten. Schmalz einarbeiten, bis eine Brotkrumen ähnliche Konsistenz entsteht. 125 ml warmes Wasser zugeben und alles zu einem glatten Teig kneten. Ca. 3 Minuten kneten. Teig zu einer Kugel formen und in Folie gewickelt für 30 Minuten in den Kühlschrank geben.

2. Knoblauch und Ingwer in Öl anbraten Unter Rühren 1 Minute braten. Sesamöl, Hoisin und Maismehl zugeben und 1 Minute kochen.

Schweinefleisch zugeben und zum Abkühlen auf die Seite stellen. Den Teig in 8 Stücke teilen und jede Portion 15 cm lang ausrollen. Ausrollfläche bemehlen. In jede Teigportion einen gehäuften EL Schweinefleischmischung in die Mitte legen, Teig falten und Füllung umschließen.

3. Die Brötchen mit der „Naht" nach unten auf Backpapier legen. Die Brötchen im Dampfgareinsatz in den Reiskocher geben und 10 Minuten leicht dämpfen.

PATRA

Zutaten:

5 Colacasia-Blätter

Für den Teig: 150 g Mehl, 100 g Tamarinden-
pulpe, 20 g Chilipulver, 5 g Kurkuma-Pulver, 2 g
Kreuzkümmelsamen, geröstet, 20 g Zucker, 20
ml Öl, Salz

Zum Anlassen: 30 ml Öl, 5 g Senfkörner, 10 g
Sesamsamen, 25 g Koriandersamen, 75 g Kokosnuss

Zubereitung

1. Kokosnuss reiben, dicke Adern der Colacasia-
Blätter abschneiden, waschen. Alle Zutaten zu einem dicken Teig vermischen. Ein Colacasia-Blatt
auf den Tisch legen, eine dünne Schicht Teig darauf verteilen. Mit den restlichen Blättern genauso verfahren. Die Blätter jeweils an den Sei-
ten einklappen und der Länge zu einer festen
Rolle aufrollen.

1. Die Rollen 30 Minuten im Dampfgarer

dämpfen. Herausnehmen und in 1 cm dicke Scheiben schneiden. Scheiben auf einer Platte anrichten. Öl erhitzen, Senfsamen zufügen. Wenn sie knistern, Sesam, Koriander und Kokosnuss zufügen.

2. Die Mischung auf die in Scheiben geben und warm servieren.

GEDÜNSTETE AUBERGINE MIT KNOBLAUCH-DRESSING

Zutaten:

500 g Auberginen, 2 EL milde Sojasauce, 1 TL Essig, ¼ TL Zucker, 1 EL fein gehackter Knoblauch, 1 EL fein gehackter frischer Ingwer, 1,5 EL dünn geschnittene Frühlingszwiebel, 2 EL Speiseöl

Zubereitung:

1. Auberginen in 1 cm große Scheiben schneiden und in eine Schüssel stapeln. Die Schüssel muss in den Dampfgarer passen. Schüssel in den Dampfkorb geben und 20 Minuten bei hoher Temperatur weich dämpfen. Sojasauce, Essig und Zucker vermischen. Auberginen in eine Schüssel füllen, mit Knoblauch, Ingwer und Frühlingszwiebeln garnieren.

2. Öl sehr heiß erhitzen. Vorsichtig über die Knoblauch-Ingwer-Mischung gießen. Anschließend über die Sojasauce gießen.

3. Gewürze vorsichtig mit den Auberginen verrühren.

TOFU MIT KÜRBIS, GARNELEN UND EBIKO

Zutaten:

1 kg Rosenkohl, 100 g Butter, 1 kleine Zwiebel, gehackt, 2 EL Reisessig, 1 Prise Zucker, Salz und Pfeffer, 100 g Mandelflocken, Zitronensaft

Zubereitung:

1. Rosenkohl knapp 5 Minuten im Dampfgarer dämpfen. Butter schmelzen, Zwiebel darin glasig anbraten. Essig zugeben, 1 Minute weiter braten.

2. Rosenkohl und eine Prise Zucker zufügen. Bei mittlerer Hitze braten, Rosenkohl leicht karamellisieren. In einer zweiten Pfanne Mandelflocken bräunen.

3. Rosenkohl mit Mandeln garnieren, mit Salz, Pfeffer und Zitronensaft abschmecken und servieren.

GARNELEN IN KNOBLAUCHSAUCE

Zutaten:

5 Tigergarnelen, 150 g Knoblauch (leicht in Pflanzenöl angebraten), gehackt, Frühlingszwiebeln zum Garnieren, gehackt

Zubereitung:

1. Garnelen in Hälften schneiden, großzügig mit dem Knoblauch bestreichen. Garnelen in den Dampfgarer legen und etwa 5 bis 6 Minuten ziehen lassen.

2. Garnelen herausnehmen und mit Frühlingszwiebeln garnieren.

POCHIERTE EIER MIT SPARGEL UND ROMANO-KÄSE

Zutaten:

500 g Spargel, Stiele abgeschnitten, 8 große Eier, 50 g Romano-Käse, gerieben, 20 ml Olivenöl, Salz und frisch gemahlener schwarzer Pfeffer

Zubereitung:

1. Spargel im Dampfgarer circa 5 Minuten dämpfen. Wasser in einer Pfanne erhitzen bis zum Beginn des Siedepunkts. Eier 3 Minuten im siedenden Wasser kochen. Das Eigelb soll noch flüssig sein. Eier herausnehmen und auf Küchenkrepp legen.

2. Spargel auf Tellern anrichten. Zwei pochierte Eier und geriebenen Romano-Käse über dem Spargel anrichten. Mit Olivenöl beträufeln und mit Salz und Pfeffer abschmecken.

SPARGEL MIT KARTOFFEL-LAUCH-SAUCE

Zutaten:

6 bis 8 Spargelstangen, 100 g grüne Bohnen, ½ Zucchini, 1 Stange Lauch, 3 Kartoffeln, ½ Butterkürbis, 1 EL Olivenöl, etwas Butter, 1 Knoblauchzehe, in Scheiben geschnitten, einige Thymianblätter, 10 g rote Paprika, gehackt

Zubereitung:

1. Zucchini und Kürbis in dünne Stücke schneiden, Spitzen von den Bohnen abschneiden, Spargelenden abschneiden, alles zusammen mit Rosmarin und Thymian in den Dampfgarer geben, 10-15 Minuten dämpfen.

Sauce:

1. Lauch und Kartoffeln klein würfeln, in einer Saucenpfanne 2-3 Minuten Olivenöl und Butter anbraten.

2. Knoblauchzehe hacken, zufügen, Paprika-schote zugeben Ein paar Blätter Thymian zuge-ben, alles leicht anbraten und zu einer glatten Sauce pürieren.

3. Zucchini in Scheiben schneiden und mit einem Messer einen Ring herausschneiden. In jeden Zucchini-Ring etwas von der Gemüsemasse ge-ben. Auf einem Teller mit Sauce anrichten. Mit Chili-Aroma-Öl, Balsamico, Olivenöl und Schnitt-lauch garnieren und servieren.

EI TOFU MIT SCHWEINEFLEISCH

Zutaten:

1 Tube (150 g) Seidentofu, 1 cm dicke Scheiben, 50 g Schweinehackfleisch, ½ EL Sojasauce, 15 in Wasser getränkte Wolfsbeeren, ½ Frühlingszwiebel, dünne Scheiben oder feine Streifen

Marinade:

½ Frühlingszwiebel, fein gehackt, ein paar fein gehackte Karottenscheiben, 1 TL Sojasauce, ½ TL Sesamöl, 1 TL Maismehl, Prise weißer Pfeffer, 1 TL Shaoxing-Wein

Zubereitung:

1. Tofu-Stücke auf einem Brett anordnen. Schweinehackfleisch und Marinade vermischen, 10 Minuten marinieren.

2. Etwas von der Fleischmischung (ca. 1 TL) zu einer Kugel formen und auf ein Tofustück legen. Auf jeden Fleischball eine Wolfsbeere legen. ½

EL Soja darüber träufeln.

3. Bei hoher Hitze ca. 5 Minuten den Tofu dämpfen, das Fleisch muss gar sein. Die gesammelte
Sojaflüssigkeit aufnehmen und über die Tofu-
Scheiben träufeln. Mit Frühlingszwiebeln garnieren und servieren.

GEDÄMPFTE FRÜHLINGSROLLEN

Zutaten:

12 Pilze, 12 Hähnchenstreifen, 12 Fischstücke, 12 Krabbenfleisch, 12 Wurzeln von Yam

Zubereitung:

1. Ein Stück Yamwurzel nehmen, Fisch, Krabben, Hähnchen und Pilze darauflegen zu aufrollen. Mit allen Wurzeln so verfahren.

2. Die Röllchen 5 Minuten im Dampfgarer dämpfen.

MUSCHELN UND KNOBLAUCH

Zutaten:

50 kleine Muscheln in der Schale, geputzt, 2 EL Olivenöl, 6 Knoblauchzehen, gehackt, 100 ml Weißwein, 2 EL Butter, 50 g gehackte frische Petersilie

Zubereitung:

1. Muscheln waschen. Knoblauch in Öl in einem Topf braten, bis er weich ist. Mit Wein ablöschen, Wein bis zum halben ursprünglichen Volumen einkochen.

2. Muscheln zugeben, Deckel schließen, dämpfen, bis die Muscheln geöffnet sind. Butter zufügen, zudecken, weiter dämpfen, alle Muscheln geöffnet sind. Nicht geöffnete Muscheln entsorgen. Muscheln samt dem Saft in 2 große Schüsseln geben und mit Petersilie bestreuen.

Herstellung und Verlag:
BoD – Books on Demand, Norderstedt
ISBN: 9783751920339

© Lutz Fingerhut 2020
1. Auflage
Kontakt: Psiana eCom UG/ Berumer Str. 44/ 26844 Jemgum
Covergestaltung: Fenna Larsson
Coverfoto: depositphotos.com